AF347357

SOCIÉTÉ INDUSTRIELLE

du Nord de la France.

RAPPORT

SUR

L'EMPIRISME, SES CAUSES, SES DANGERS

ET

LES MOYENS D'Y REMÉDIER

PAR

Le Dr HOUZÉ DE L'AULNOIT,

PRÉSIDENT DU COMITÉ D'UTILITÉ PUBLIQUE,

Professeur à la Faculté de Médecine de Lille, Chevalier de la Légion-d'Honneur,
Officier de l'Instruction publique.

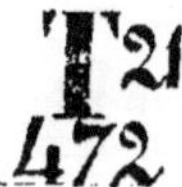

LILLE

IMPRIMERIE L. DANEL.

1878.

SOCIÉTÉ INDUSTRIELLE

du Nord de la France.

RAPPORT

SUR

L'EMPIRISME, SES CAUSES, SES DANGERS

ET

LES MOYENS D'Y REMÉDIER

PAR

Le Dr HOUZÉ DE L'AULNOIT,

PRÉSIDENT DU COMITÉ D'UTILITÉ PUBLIQUE,
Professeur à la Faculté de Médecine de Lille, Chevalier de la Légion-d'Honneur,
Officier de l'Instruction publique.

LILLE

IMPRIMERIE L. DANEL.

1878.

RAPPORT

SUR

L'EMPIRISME, SES CAUSES, SES DANGERS

ET LES MOYENS D'Y REMÉDIER

PAR

Le Dʳ HOUZÉ DE L'AULNOIT,

PRÉSIDENT DU COMITÉ D'UTILITÉ PUBLIQUE,

Professeur à la Faculté de Médecine de Lille, Chevalier de la Légion-d'Honneur,
Officier de l'Instruction publique.

Après avoir cherché à assurer le sort des travailleurs par des caisses de secours et de retraite, après s'être efforcée de les moraliser en leur prouvant qu'avec de l'ordre, de la conduite et de la persévérance, ils peuvent arriver à posséder dans leurs vieux jours la demeure qui abrita leurs jeunes années, la Société Industrielle du Nord de la France a pensé qu'il était également de son devoir de veiller sur leur santé et même sur leur existence, en les mettant à l'abri des piéges que leur tend le charlatanisme. Elle a pensé qu'elle devait d'autant plus intervenir activement par tous les moyens qu'elle possède, qu'elle n'ignore pas l'indulgence de la loi et l'insouciance ou plutôt le dédain du corps médical à l'égard de ces grossiers attentats qui font chaque jour tant de victimes au milieu de nos populations. Aussi, n'a-t-elle jamais été mieux inspirée dans sa tendresse pour les classes ouvrières qu'en mettant au programme de ses prix et récompenses, la question de l'empirisme, ses causes, ses dangers et les moyens de le combattre.

Elle a trouvé sa récompense dans l'empressement qu'ont mis les concurrents à envoyer à votre Commission, composée de MM. Alfr. Thiriez, Fromont et Alfr. Houzé de l'Aulnoit, trois mémoires qui ont été inscrits : le premier sous le nº 20 ; le deuxième, avec l'épigraphe : *chacun son métier*, et le troisième avec l'épigraphe : *la propagation de la lumière élève la Société*.

L'auteur du mémoire nº 20 ne nous a pas paru avoir compris le but que s'était proposé le Comité d'Utilité publique, en mettant au concours cette question de l'empirisme. Au lieu de prémunir nos populations contre les formes si variées que revêt le charlatanisme pour abuser de la crédulité des malades, le concurrent n'a rien trouvé de mieux que de faire le procès de quelques médecins ignorants. Il s'est efforcé de prouver qu'il n'a dû la guérison dans certains cas de maladie, qu'à l'abstention de tout remède ou à l'emploi de moyens empiriques.

La faiblesse de la rédaction de son mémoire, la pauvreté de ses arguments, l'incohérence de ses idées, ne sont pas de nature à donner une bien grande valeur à son opinion, ni à justifier la thèse dont il s'est fait le défenseur.

Le second mémoire portant pour épigraphe : *chacun son métier* (sagesse des nations), est l'œuvre d'un homme instruit qui a apporté à la solution de la question proposée, les puissantes ressources d'un esprit habitué à bien penser et à bien dire.

Au lieu de prendre son ennemi corps à corps, de l'étreindre et de le terrasser sous les coups de sa logique et de sa grande expérience, il préfère voltiger au-dessus de sa tête en lui portant, à l'aide d'aphorismes, des atteintes que des lecteurs intelligents pourront surtout apprécier. Un style plus simple, des pensées moins élevées et une appréciation moins générale, eussent peut-être mieux convenus pour éclairer nos classes ouvrières.

Mais pour les natures fines et délicates, chacun de ses aphorismes représentera une perle précieuse ; et s'il est permis d'émettre un regret, c'est que l'auteur, avant de les enfermer dans son écrin, ne ne les ait pas enchassées et unies plus étroitement les unes aux autres.

Au milieu des nombreux aphorismes qui composent son mémoire, recherchons d'abord à quelles causes il attribue l'empirisme, puis nous ferons connaître en quelques mots les dangers et les moyens qu'il propose pour le combattre.

Le concurrent insiste tout d'abord sur les qualités qu'on est en droit d'exiger de l'homme qui se dévoue au soulagement des malades.

Pour lui, un bon médecin doit posséder une science approfondie, une grande expérience, un parfait jugement, un complet désintéressement et par-dessus tout, l'amour de l'humanité. En effet, si nos villes et nos campagnes avaient le rare bonheur de rencontrer un grand nombre de ces médecins joignant à un grand savoir, ces dons si rares du cœur, l'empirisme comme l'ivraie, serait étouffé par le bon grain.

L'empirique, au contraire, est audacieux et ne doute de rien; son bavardage en impose à l'homme simple et naïf; plus ses actes seront mystérieux, incompréhensibles, pour les ignorants, plus il inspirera de confiance. Outre cette influence surnaturelle qui plaît toujours à ceux qui ne savent ni juger, ni raisonner, l'auteur accorde une grande place comme cause de la diffusion des idées empiriques, à de mauvais livres que des hommes même instruits ne craignent pas de répandre, animés non moins par un esprit de lucre, que par un désir d'acquérir rapidement une autorité extra-scientifique. Aussi, nous ne pouvons que l'approuver quand il dit :
« les traités de médecine populaire, domestique, sont des appâts
« tendus par la médiocrité à l'ignorance; celle-ci expose à toute
« espèce de séduction et d'erreur.

« Un médecin sérieux n'écrit point de pareilles turpitudes. »

A côté de ces opuscules de contrebande, il dévoile, comme une des formes que prend chaque jour l'empirisme dans les classes élevées, les remèdes secrets dont la honteuse annonce se réfugie à la vitrine des pharmaciens et à la quatrième page de nos journaux politiques. Puis il dévoile les égarements d'un esprit maladif, ne pouvant supporter les fatigues d'un régime plus ou moins long, et se plaint du défaut de répression efficace « dans notre singulier état « social qui punit un délit d'opinion, et passe indifférent devant « l'empirisme qui tue. »

Toutefois, il est juste de rappeler que la justice ne reste point complètement désarmée ; mais il faut avouer que sa pénalité est bien légère, si on tient compte du mal qu'à pu produire au sein d'une population, un empirique éhonté. Quel est celui d'entre nous qui ne se rappelle cet audacieux Colandre, aidé de son ami le Commandeur, qui, en moins d'un mois, a extorqué ouvertement à Lille, en 1864, au su et au vu de toutes nos autorités, plus de 100,000 francs à de pauvres infirmes ; percevant 25 francs pour un pot de pommade ne contenant que de l'axonge et un peu d'essence de térébenthine, et qui, pour tant d'audace et de duplicité, n'a été condamné qu'à quelques mois de prison et à 6,000 francs d'amende. Dans d'autres circonstances, la justice n'est pas moins indulgente à l'égard de ces charlatans qui exploitent nos campagnes en ne les punissant qu'à quinze francs d'amende, pour exercice illégal de la médecine. Et pourtant que de victimes, il nous serait facile d'enregistrer à la suite de ces odieuses exploitations de la crédulité publique !

Parmi les dangers que nous trouvons signalés dans ce mémoire, il faut citer la fausse sécurité que donne un remède même inoffensif, qui permet à la maladie de faire des progrès au-dessus des ressources de l'art. Quand on reproche à tous ces donneurs de conseils, les graves complications qu'ils ont ainsi provoquées ; pour s'excuser, vous les entendez dire : je n'ai donné à cet enfant qui toussait que du sirop de gomme, je n'ai donc pas pu lui faire de mal.

Erreur, a-t-on droit de répondre, cet enfant avait une fluxion de poitrine qui nécessitait un traitement énergique dès le début ; en faisant perdre un temps précieux par votre remède insignifiant, l'affection n'a pas tardé à devenir incurable, et vous êtes ainsi la cause de sa mort. Combien d'autres après nous pourraient multiplier de tels exemples !

Nous préférons nous arrêter dans cette voie et finir l'examen de ce travail en vous énonçant rapidement les principaux moyens qu'il propose contre l'empirisme :

1° Intervention à outrance du médecin ; guerre acharnée et sans trêve à l'empirisme, partout où il le rencontrera. Cette déclaration doit être un encouragement pour l'Association générale des médecins.

2° Vulgarisation dans toutes les classes de la Société par l'exemple, le livre et la parole de ses dangers.

3° Répandre les notions d'anatomie, de physiologie et d'hygiène. On a commencé cet enseignement dans nos lycées, on pourrait l'étendre aux écoles communales.

4° Celui qui n'est pas médecin doit redouter de donner des conseils pour des affections dont il n'a nulle connaissance, et cependant le nombre en est incommensurable.

5° Ne pas craindre de répéter souvent avec le cardinal de Bonald : « On doit avoir soin de mettre en garde les fidèles contre ces « publications journalières de miracles qui peuvent être pour les « marchands cupides, une source de profits illicites, mais qui sont « pour la religion une source de douleur et de crainte. »

6° Punir ceux qui délivrent sans droit des médicaments et chercher à obtenir de la justice une répression plus énergique contre le charlatanisme public.

A côté des empiriques non diplômés, nous pouvons ranger quelques médecins indignes, qui dégradent leur profession. Contre ceux-là, nous réclamons la juste intervention d'un conseil de discipline imitant ainsi les avocats qui n'hésitent pas à rejeter de leur sein le confrère qui a manqué à son honneur et à sa conscience.

Enfin, on pourrait en outre recommander de répandre l'instruction dans les classes laborieuses, ce qui permettrait à chacun de se défendre et de se protéger contre l'empirisme.

Je ne sais, si j'ai pu, comme je l'eus désiré, vous faire apprécier les qualités de ce beau mémoire. Je puis toutefois vous assurer, que tous les membres de votre Commission l'ont lu avec un vif intérêt, et sont restés convaincus que l'impression de ce travail sera de nature à rendre un signalé service à nos ouvriers, et qu'en le publiant dans nos bulletins, vous atteindrez le but que vous vous êtes proposés : d'atténuer les ravages de l'empirisme au sein de nos villes et de nos campagnes.

Votre Commission a en outre, l'honneur de vous proposer d'accorder à l'auteur de ce mémoire si bien pensé et si élégamment écrit, une médaille de vermeil.

L'auteur du précédent mémoire a envisagé l'empirisme au point de vue médical et s'est efforcé de lutter contre le charlatanisme diplômé ou non.

Celui du mémoire portant pour épigraphe : « *La propagation de la lumière élève la Société,* » et que nous allons analyser, examine l'empirisme d'une manière plus générale.

Dans le premier chapitre, il s'élève à des considérations d'ordre supérieur, basées sur la logique et la philosophie. D'après lui seraient empiriques tous ceux dont les idées ne seraient fournies que par l'expérience ou qui recueilleraient des faits, sans s'occuper de les lier par une synthèse.

Ce qui le mène à adopter deux sortes d'empiriques ; les loyaux et les déloyaux, ou mieux, les ignorants et les charlatans proprement dits.

Pour l'auteur, « l'empirisme découlerait de la constatation des » faits qui se déroulent sous nos yeux, tels qu'ils se présentent, sans » rechercher à les reproduire, sans modifier les circonstances qui » les accompagnent : c'est si l'on veut l'expérience, mais l'expé- » rience réduite au simple rôle d'observation passive des phéno- » mènes qui se présentent dans la nature. »

Cette définition le conduit à discuter la méthode expérimentale
» qui devient observation expérimentale ou expérience active, si elle
» elle est aidée, conduite et dirigée par l'intelligence.

» L'empirique, s'il n'est pas honnête, peut avoir de l'imagi-
» nation ; il n'a jamais de jugement. »

Nous ne suivrons pas l'auteur dans les différences qu'il établit
entre le raisonnement, l'induction et la déduction ; — mais il n'est
pas inutile, pour légitimer le cadre de ce mémoire, de faire connaître
qu'aux différents âges de la vie, il y a prédominance particulière de
certaines facultés. Ainsi la perception externe, l'association des
idées, la mémoire, l'imagination et la faculté d'expression se
déployent avec une énergie singulière dans l'enfance ; dans l'âge
mûr au contraire, ce sont la conscience claire de soi, l'attention,
l'abstraction, la généralisation, la réflexion, la raison, qui se déve-
loppent plus particulièrement.

Une telle interprétation des facultés intellectuelles et morales de
l'enfant et de l'homme adulte le conduit tout naturellement, dans son
deuxième chapitre de l'empirisme, à rapporter les causes au manque
d'éducation, au manque d'instruction, à l'inintelligence et au
manque de loyauté. De là parmi les ouvriers, l'origine et la cause
de ces conversations obscènes entrecoupées de lazzis, de quolibets
et d'éclats de rire bruyant, — de cette promiscuité qui règne au
foyer paternel et dans les ateliers, où les sexes sont confondus, —
de ces brutalités dans les rapports de l'époux et de l'épouse : —
de ces scènes honteuses, auxquelles le jeune enfant est obligé d'as-
sister, au lieu des bons exemples qui pourraient élever son âme,
moraliser son cœur, agrandir son intelligence, et développer son
jugement. — De tels spectacles chaque jour répétés, n'engendrent
que de petits mauvais sujets, n'ayant aucun respect pour leurs
parents, et ne tardant pas à devenir la terreur des propriétaires.

Si l'enfant fréquente l'école vers 10 ou 11 ans, c'est pour faire
sa communion ; puis l'atelier s'en empare. Son adolescence se passe
au contact de personnes d'un autre sexe ; et plus tard, il n'est ni

plus mauvais, ni meilleur que tant d'autres, il ressemble à ses parents — sans instruction, sans éducation, il sera la proie de l'empirisme — et sous l'influence du tabac et des boissons alcooliques, il deviendra dans la société un être sans défense et sans initiative pour les choses grandes, nobles et patriotiques. Je n'ai rien exagéré, je n'ai fait que reproduire une appréciation que je crois juste, car elle est celle d'un homme qui dirige un grand personnel d'ouvriers, qui, pendant de longues années, les a suivis, observés, et dont le cœur n'a pas été sans protester devant cette faiblesse humaine, que de grands principes moraux n'ont ni soutenu, ni fortifié au début de la vie. C'est dans ces conditions, que les empiriques conscients ou fripons, ont beau jeu pour exploiter les masses au profit de leurs intérêts ou d'un parti.

Son troisième chapitre, consacré aux dangers de l'empirisme, nous montre les graves conséquences pour l'ouvrier d'un défaut absolu d'éducation et d'instruction. — Il ne peut résister à ses passions et devient surtout victime de la boisson. — L'auteur nous trace un bien effrayant tableau de l'ivrogne au sein du domicile conjugal, décourageant par sa brutalité sa femme dont les forces ne tardent pas à être épuisées par le travail de l'atelier, les soins de la famille et les privations journalières. — Les enfants d'une semblable alliance ne seront que de petits êtres stupides et difformes, et qui, pour tout héritage, n'auront que les vices de leurs parents, — sur de tels sujets, l'empirisme régnera d'une manière absolue, et il lui sera facile de les rendre victimes de leur crédulité.

Le quatrième chapitre de ce long et volumineux mémoire traite des moyens de combattre l'empirisme.

A cet effet l'auteur recommande les crèches qui permettent à la mère, de continuer les travaux de l'atelier sans cesser de veiller plusieurs fois par jour sur son enfant.

L'enfant a 2 ou 3 ans. Que pour lui s'ouvrent largement les portes de la salle d'asile ! A ce sujet, il est regrettable, dit-il, qu'on n'en augmente pas le nombre. Son appel est trop pressant pour qu'il ne mérite pas d'être entendu de nos Administrateurs et de nos généreuses Dames de charité.

De 8 à 12 ans, l'enfant devrait se trouver dans une école, où on lui apprendrait, en s'adressant plus à ses sens qu'à sa mémoire, les éléments de physique, de chimie, de géographie et de calcul.

L'auteur discute en homme compétent la loi du 19 mai 1874 sur le travail des enfants et filles mineurs et prouve qu'on délivre trop facilement aux jeunes ouvriers de 12 ans le certificat qui doit les autoriser à ne plus fréquenter l'école. Aussi une instruction obtenue par un ou deux ans de travail ne peut-elle offrir aucune garantie sérieuse pour l'avenir.

Pour remédier à ce défaut d'instruction, il propose de répandre les cours d'adultes où d'utiles conférences leur seraient faites « sur » les connaissances pratiques, usuelles de la vie, sur l'histoire du » peuple de notre pays, la vie des hommes de bien etc. , etc. »

« Ces ouvriers sauraient alors se conduire seuls sans l'aide des » empiriques de toutes sortes. »

Il recommande en outre les bibliothèques scolaires, les bibliothèques communales et même des bibliothèques dans l'intérieur des établissements industriels.

Ainsi, vous le voyez, pour notre auteur, l'empirisme ne se propage que parce qu'il rencontre des ignorants, des hommes faibles, crédules et sans instruction et éducation.

Qu'on développe les facultés morales et intellectuelles des classes laborieuses et on exterminera d'une manière certaine ce fléau qui ronge notre société moderne.

L'idée est grande, noble et généreuse, et nous ne pouvons que féliciter notre économiste, d'avoir consacré à sa défense, les nobles sentiments d'un cœur qui aime son prochain, et dont le seul désir est de lui être utile, afin de concourir ainsi à la grandeur du pays et à la sécurité de l'avenir.

La Commission, pour récompenser l'auteur de cet important mémoire qui a près de cent pages, a l'honneur de vous proposer de lui accorder une médaille de vermeil et d'autoriser l'insertion de son travail dans vos bulletins. Cette insertion ne ferait que compléter le précédent mémoire qui n'a trait qu'au charlatanisme médical, sans accorder une part assez grande à l'instruction et à l'éducation des classes ouvrières.

———

Conformément aux propositions de la Commission, *après l'ouverture des plis cachetés*, la Société décerne une médaille de vermeil à M. Bécour, médecin à Fives, auteur du mémoire portant pour épigraphe : *Chacun son métier*, et à M. Valroff, auteur du mémoire portant pour épigraphe : *La propagation de la lumière élève la société.*

———

Lille-Imp. L. Danel

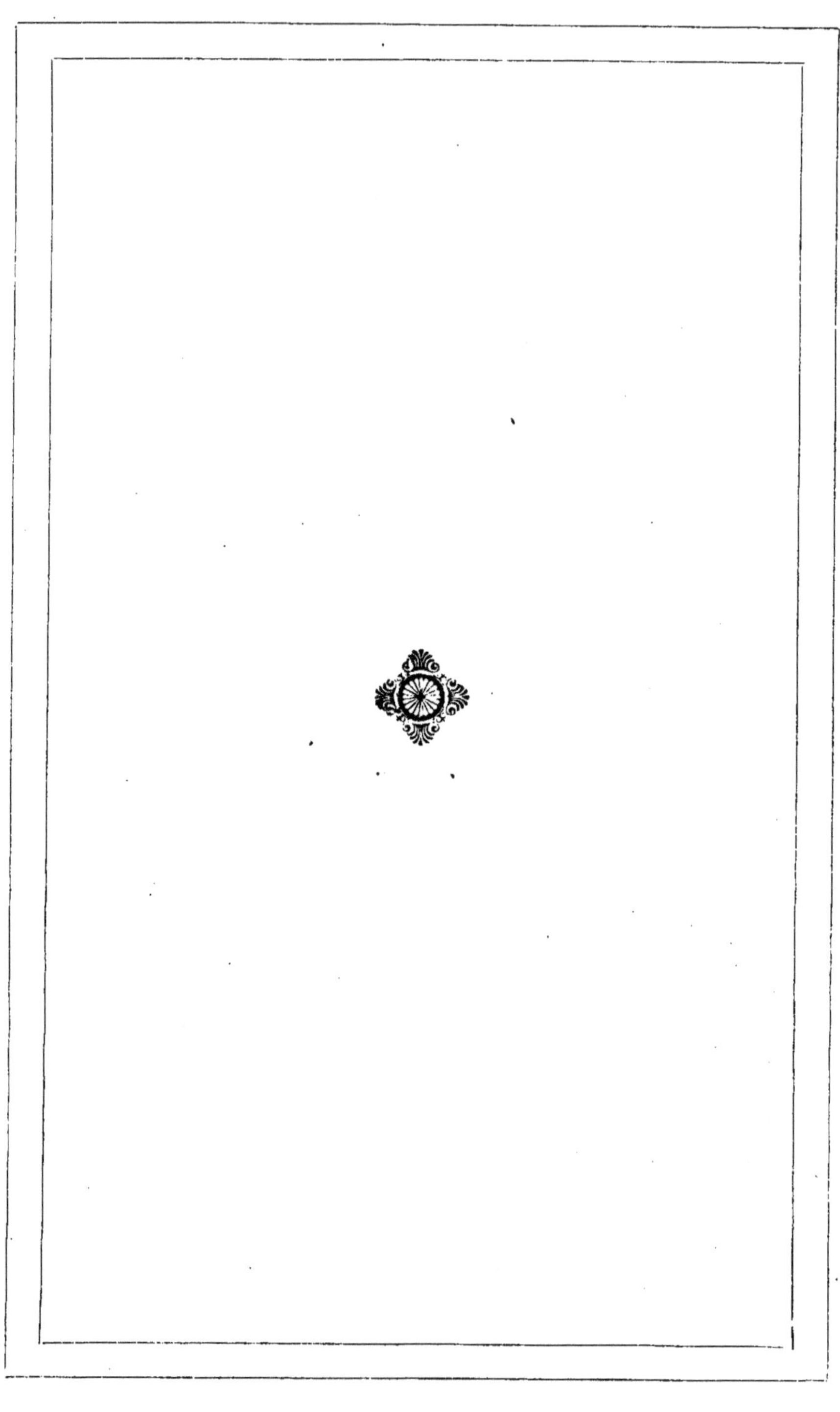